作者介紹

　　現任教於文藻外語大學英國語文系的郭雅惠老師本身致力於質性研究，主要的研究領域是 mentoring。2010 年她出版了坊間第一本如何指導大學生做研究的書。除了在自己的研究領域深耕，也不斷的藉由考取證照來充實。例如：沒有商科背景的她，2 次都以「Pass with Distinction」成績考取英國倫敦商會的商務英語教師證照及行銷證照。足跡踏遍 60 個國家，常在旅遊中收集上課資料，同時也考取外語領隊人員（英語），外語導遊人員（英語）證書，及 abacus 航空訂位認證證書。

　　除此之外，還取得國際禮儀教師認證，會展覽專業人員初階認證，以及活動管理指導員資格認證。此外，更在 2015 年成為全國第一個，也是唯一一個挑戰在 6 分鐘內背完「一口氣背文法」全書中 216 句的英文老師，並獲得財團法人台北市一口氣英語教育基金會頒發 1 萬元獎金。最後，只要有學習充實自己的機會她都不會放過，這從每次開會及參加研習都是坐第一排就可表露無疑。她期許自己像一塊海綿一樣不斷的吸收新知來充實自己，活到老，學到老。

目 錄

合作遊戲

靜態遊戲

緣 起

　　其實，這本書早在 25 年前就已經成形了。那時候的我，任教於長頸鹿兒童美語（秀山分校及五常分校）及中華民國華語推展協會，而這本書正是集結我上課時，部分的遊戲內容。事隔多年，當初所做的／買的／畫的遊戲教具及單字卡／圖卡，依舊完好無缺的保留著！這是標準的 pack rat，斷捨離的錯誤示範。

　　早在美國攻讀碩博士時，甚至到完成學位回台任教後，想出版的念頭不曾斷過，但詢問並接洽過好幾間出版商後，所獲得的回應，不外乎沒有市場價值，或值得出版（因為也許讀者翻一翻就影印／翻拍／抄錄），這讓我感觸很深，因為出版一本遊戲書如同寫論文一樣，就像 Chiu, Kao, & Reynolds（2012）提的，論文裡要有很大的研究數據或好的研究結果，才能有刊登的機會；反之，那些小數據根本沒有機會被刊登。然而我在 Hung, Yang, & Tsai（2020）評論 30 篇發表於 2010-2020 期間有關 Student Game Design as a Literacy Practice 研究發現，其中一篇 Bossavit & Parsons（2018）探討 Outcomes for Design and Learning When Teenagers with Autism Codesign a Serious Game 也只有 6 位參與者；另一篇 Øygardslia & Aarsand（2018）探討 Artifacts in Game Design in Classrooms 也才 9 位參與者，這兩篇是罕見沒有大數據研究卻被刊登的。

　　當那些出版社不認為遊戲書有市場時，我聯想到 Becker（2007）提到的，有些學校是不允許課堂上融入遊戲的。如同印度寶萊塢電影「我的嗝嗝老師」中，患有妥瑞症的 Naina 老師試著用遊戲去教來自貧民窟 9F 班同學們數理時，另一個教 9A 資優班的 Mr. Wadia 老師就不以為然，甚至拒絕其學生的請求，去仿習嗝嗝老師透過遊戲教學。但我同意 Pearlman（2019）的想法，縱使課堂上置入再多的遊戲是永遠不嫌多的，且根本不會有因遊戲太多而造成 classroom in danger 的情況。

　　而我在文藻申請成立「記憶與外語學習研究中心」，時任該中心負責老師時，因教授「鼎」呱呱兒童美語課程而與兒童美語再次結緣，更激起我一定

要排除萬難，將這本遊戲書出版，來填補多年前的遺憾。因我認同 Azarmi (2011) 的想法，唯有將任何的學習趣味化才能大大提升學習效果，而遊戲學習就是學習外國語言非常棒的方法之一。不然像單字這種需要花很長時間去記憶的，只要遊戲是好玩的，學習者的興趣是很容易被激起的 (Yip & Kwan, 2006)。

無庸置疑的，課堂上的遊戲會讓學生提升自信，特別是聽跟說 (Yükseltürk, Altıok, & Başer, 2018)。不只聽跟說，Lin, Hwang, Fu, & Chen (2018) 研究遊戲在寫作課上的應用，就發現有參與遊戲的學生就比較不容易在寫作上犯錯。而某學生在 Mathrani, Christian, & Ponder-Sutton (2016) 研究中提到，因為參與遊戲，讓原本對程式設計心生恐懼的他，對程式設計產生興趣進而變得更有信心，甚至他們的研究中，有學生將遊戲應用在他們期末考試的口頭報告裡面。

再者，課堂遊戲讓老師跟學生有更多不同於傳統教學的互動經驗 (Pearlman, 2019)。其實遊戲就像是我們人生的一部分 (Azarmi, 2011)。遊戲除了課堂上實體遊戲，當然也包括線上／電腦遊戲。因為當班級學生人數多時，就會分散老師可以幫助學生學習的時間，這時如果有電腦遊戲輔助的話，相對就可以達到一對一家教的效果 (Young & Wang，2014)。

即便如此，實體的傳統教室是不可能被網路教室所取代的 (Mathrani, Christian, & Ponder-Sutton, 2016)。如同 James & Mayer (2019) 在透過 APP 遊戲去觀察大學生學義大利文的研究裡提到的，遊戲也許影響學生的學習動機，但是遊戲並不能像傳統的教學簡報，讓學生知道義大利文陽性單數名詞的結尾多是 o，而陰性單數名詞結尾多為 a。此外，Chen & Lee (2018) 研究遊戲對小朋友單字的學習中就提到，遊戲也許可以提供學習結果的即時回饋或讓學生自主學習，但並不會對小朋友的單字學習表現有太多的貢獻。

最後，我相信高科技的教學遊戲固然有趣，但面對面互動的遊戲魅力，也會因為設計者的用心更勝一籌。無可厚非，若要置入遊戲在課堂中，老師們一定要有基本的遊戲概念及玩法，甚至是掌控遊戲時間的技巧都是必要的，這更是新手老師要具備的能力 (Chen, Zhang, Qi, & Yang, 2020)。本書或許有不足的地方，歡迎讀者意見分享，使其更好！

如何使用這本書

　　我希望正在翻閱此書的您，能將這本書當成一本教育活動的工具書。我要強調，這本書所有的遊戲初衷雖是爲了兒童美語課程設計的，但事實上，任何語言課程，甚至其他學科，只要稍加變通皆可應用。這本書可以是老師、全職媽媽甚至看護者的活動寶典，且書中遊戲的年齡從幼兒、小孩、青年、壯年到老人，甚至行動不便者，只要花點心思變化皆適用。

　　更重要的是，我希望藉由我分享的遊戲，能夠激起老師們更多的創意及想像力，進而去設計更適合自己課堂的遊戲。所以，我在本書中每個遊戲後皆提供至少一個遊戲延伸的範例。 無形中，本書的 50 個遊戲就延伸出 114 個遊戲。Łodzikowski, & Jekiel (2019) 就提到，老師們如果願意自己花時間去設計遊戲的話，這會是他們教學上很棒，且很有價值的教學經驗。因此，在每個遊戲後，我所留的空白頁，就是希望讀者有更多的發想。

　　就拿本書中第一個「一口氣釣一釣」遊戲當例子。雖然當初設計這個遊戲，主要是要學習英文字母及單字，但若換成是海洋生物學課程，釣魚卡可以變成各式各樣海洋裡面的生物圖片，讓學生藉由「一口氣釣一釣」的遊戲來辨識不同的海洋生物名稱。若再進階點的「一口氣釣一釣」，老師可將釣魚卡的內容稍加改變，讓組員們利用釣起來的釣魚卡去組成一個完整句子。老師甚至可利用魚目混珠的方式，在釣魚卡中混入拼字錯誤的魚卡，來讓學生在釣起魚卡前，多一個機會檢視自己的拼字及識字能力。

　　再者，雖然第一個遊戲「一口氣釣一釣」是在釣魚，但老師們可以畫不同的卡，可以是釣蝦子，也可以釣鰻魚，甚至釣金龜婿。我甚至想，若讓處於復健階段的人參與此遊戲，說不定能讓他們辛苦的復健之路多一點樂趣。時間允許的話，我甚至會建議老師讓學生參與教具的製作及遊戲的設計。例如，若老師想帶領「一口氣釣一釣」遊戲，老師可請學生帶回收

的日曆紙或廣告紙到課堂上，畫指定的圖案，並在畫完後，在圖卡上寫下上一堂課／這一堂課剛學過的單字。學生在學習製作遊戲教具的過程，也會加深對單字的印象。老師也可透過小組活動完成教具製作，因為它就跟參與團體遊戲一樣，過程中也讓學生學習如何跟同儕互動，畢竟這是出社會之後，一定要學習的 (Townsend, 2009)。

　　此外，Lu & Chang (2016) 發現，如果遊戲過程中教的單字跟學生們日常的生活是連結的，這會讓學生更願意去參與。 如同 Perry & Estabrooks (2019) 在科學課裡，讓美國西維吉尼亞州某校高中生去觀察身旁需要解決的問題，再發明設計產品解決，結果學生激發出可以迅速解決剷雪的發明想法 。再者，老師也可從遊戲過程中去觀察學生的反饋。Ronimus, Eklund, Pesu, & Lyytinen (2019) 就提及，學生玩遊戲的時間，可以看出是不是喜歡該遊戲 。而我更希望每次遊戲結束後，我們的學生會跟 Denham (2019) 裡的參與者一樣，仍記得學習過的遊戲內容。

　　最後，先打個預防針，或許在課堂上，並不是所有的遊戲都能被所有的學生喜愛。Pearlman (2019) 就直接表明，有些學生根本就不想贏，或不想成為最優秀的學生。甚至像 Mathrani, Christian, & Ponder-Sutton (2016) 研究裡的少數學生們，表示遊戲很無聊。Young & Wang (2014) 研究結果也顯示，學習表現優異的學生即使沒有藉由電腦遊戲來幫助學習，他們透過 drill practice 仍可在單字記憶測驗中表現好。

　　但是相對學習程度比較差的學生，只要他們對學習英文是有興趣的，他們就可以藉由玩遊戲來增進他們願意開口說英文的動力 (Young & Wang, 2014)。所以，在 Denham (2019) 研究結果就顯示，學習表現比較不好的學生是其數位遊戲該研究中收穫最多的。總之，當老師面對學生批判所精心設計的遊戲時，只要具備有 Chen, Zhang, Qi, & Yang (2020) 提到的遊戲熱忱，那麼在遊戲過程中遇到的困難，就都能用毅力跟耐力去化解！

磁鐵遊戲

一口氣釣一釣

教具

魚卡、魚竿、迴紋針、正方形磁鐵

製作方法

1. 在紙上畫約手掌大的魚形圖後並剪下。
2. 在魚的嘴巴夾上迴紋針後，在魚形圖上寫下
   （也可用貼的或在魚身上4個角落割4條縫做爲插入字卡/圖卡用）
   英文字母／單字／片語／句子。
3. 找根長棍子或壞掉的衣架子當魚竿，並在棍子/衣架子的一端綁上
   一條線。
4. 線的尾端綁上磁鐵（正方形磁鐵較易綁，若非正方形的也可用魔鬼氈／
   雙面膠或三秒膠取代）。

玩法

1. 將學生分成兩隊。
2. 每隊各派一個學生跟老師領一隻魚竿。
3. 將魚卡分散放置於地上。
4. 選一首簡短英文歌，或讓同學一起唱一首他們熟悉的歌。
5. 當音樂一開始，學生就要儘快用釣魚竿把地上的魚卡釣起來。
6. 音樂停止後，各組學生唸出自己所釣上來的魚卡上寫得所有
   英文字母／單字／片語／句子，唸對者即得分。
7. 最後看哪組分數最高再加分。

遊戲延伸

魚竿有足夠數量時，可在將學生分組後，同時讓多位學生，甚至人人
一隻魚竿釣魚。

一口氣吸一吸

📦 教具

迴紋針、大磁鐵、字母卡／單字卡／片語卡／句子卡／圖卡

🗒️ 製作方法

將迴紋針別在字卡／圖卡上。

💡 玩法

1. 老師將所有字母卡／單字卡／片語卡／句子卡／圖卡分散在桌上／地上。
2. 將學生分成兩組。
3. 每組各派一位組員出來跟老師領一個大磁鐵。
4. 老師選一首極短的英文歌，或讓同學一起唱一首他們熟悉的歌。

5. 當音樂一開始，學生就要儘快用大磁鐵努力吸起無限制數量的字母卡／單字卡／片語卡／句子卡／圖卡。
6. 音樂停止後，學生若能正確唸出吸起的字母卡／單字卡／片語卡／句子卡／圖卡上的英文即得分。
7. 換下一輪時，老師可將兩組磁鐵互換，避免學生認為另一組的磁鐵較易吸附。
8. 最後看哪組吸最多或得分最高再加分。

✏️ 遊戲延伸 1

大磁鐵有足夠數量時，可在將學生分組後，同時讓多位學生同時參與，甚至人人一個大磁鐵。

☞ 遊戲延伸 2

老師可將字卡/圖卡上分散在教室各處，或放在不顯眼處，甚至預先藏起來讓學生尋找。

球類遊戲

一口氣破一破

 教 具

氣球

製作方法

將氣球充氣後，直接在氣球表面上寫上英文字母／單字／片語／短句。

玩 法

1. 將寫好的英文字母／單字／片語／短句的氣球一一放置在地上。
2. 將學生分成兩組。
3. 每組派一位組員。
4. 當老師說出某個英文字母／單字／片語／句子時，
   學生要趕緊找到該單字／片語／短句的氣球，並踩破它。
5. 優先踩破氣球，且能重述老師剛剛說的英文字母／單字／片語／短句者
   即得分。
6. 最後看哪組踩破最多氣球或得分最高再加分。

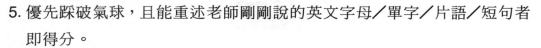

遊戲延伸 1

課堂上若有助教可協助，可讓更多學生同時踩氣球。

遊戲延伸 2

老師可要求學生將踩破氣球的英文字母／單字／片語／短句重新寫在
新的氣球，但老師要預先吹足夠數量的氣球備用。

一口氣投一投

教具

有色塑膠球、投球框兩個（可用箱子、塑膠袋、或桶子充當）

玩法

1. 把學生分成兩組。
2. 各組分別輪流派一位組員。
3. 老師將所有顏色球統一放在學生面前。
4. 老師說出某顏色球時，學生們要迅速找到該顏色的球，並將其投入球框。
5. 最先找到正確顏色球，又將球投進球框，且又能正確說出顏色球英文者得分。
6. 待全部色球都投完後，投入最多的組別再加分。

遊戲延伸 1

準備足夠數量的球時，老師可計時讓各組學生同時輪流一口氣投完球後再回答問題。

遊戲延伸 2

老師可在塑膠球上編號，並針對每個編號配對一個題目，讓將球投進球框的學生回答。

臨場反應遊戲

一口氣唱一唱

 教具

無

玩法

1. 老師任選一首歌的歌詞寫在白板／黑板上，並註記要學生更改歌詞的部分。

2. 老師示範原版及編改過的，例如原版爲「good morning to you」，老師要求更改「good morning」及「you」，就編改成「good afternoon to her」或拿「哥哥爸爸眞偉大」編改成「姐姐妹妹眞可愛」當例子。

3. 將學生分成兩組。

4. 每組各派一個組員猜拳。

5. 贏的組別先進行編改。

6. 接著兩組組員接續輪流編改。

7. 3 秒內能編改的就得分，最先詞窮的就淘汰。

8. 最後看哪組得分最多再加分。

遊戲延伸

進階點的玩法是要求學生不可重複用過的單字／片語。

一口氣比一比

 教 具

單字卡

💡 **玩 法**

1. 將學生分成兩組。

2. 請各組派一位組員站在自己組別前面。

3. 老師給各組組員同樣的單字。

4. 組員要比出該單字意思去讓自己的組員去猜。

5. 猜對的即得分。

6. 兩組競賽後，看哪組猜對的單字最多再加分。

✎ **遊戲延伸**

有挑戰性點的是要求學生將猜到的單字也拼寫出來。

一口氣翻一翻

 教 具

單字卡／片語卡／句子卡

 玩 法

1. 老師將中文與英文單字卡／片語卡／句子卡的字面朝下，
   分別放桌上／地上兩邊。

2. 將學生分成兩組。

3. 每組各派一位組員參與。

4. 老師帶剪刀石頭布或黑白配的遊戲，決定哪組優先玩。

5. 贏的同學可選擇要中翻英或是英翻中。

6. 如果贏的同學選中翻英，就在中文字卡列挑一張字卡，並將該中文的
   英文意思翻出來。

7. 翻對者即得分。

8. 最後看哪組得分最多再加分。

遊戲延伸

刺激點的玩法是，老師計時或指定時間，讓全組總動員，看哪組花最少
時間答對最多題再加分。

一口氣反一反

 教具

無

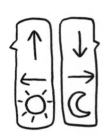 **玩法**

1. 請學生在紙上寫下學過的單字及其反義字。

2. 將學生分成兩組，一組為回答者，一組為提問者（會輪流角色扮演）。

3. 請每組各派一位組員出來猜拳。

4. 贏的組別可選擇要先當提問者或回答者。

5. 出題者提出問題，例如 day 時。

6. 回答者若能在三秒內回答正確即得分。

7. 最後統計看哪組答對得最多即可再加分。

✏️ **遊戲延伸 1**

老師可要求學生在回答後順便寫下正確的答案，拼寫正確的再加分。

☞ **遊戲延伸 2**

老師計時，或要求學生在指定的時間內，看各組可回答多少題正確的反義字來決定哪組再加分。

一口氣蹲一蹲

📦 教具

字母卡／單字卡／片語卡／短句卡

💡 玩 法

1. 將學生分成兩組，並排成二列面對面站。
2. 老師發給每個學生一張字母卡／單字卡／片語卡／短句卡。
3. 當老師說到 Taiwan 這個單字時，拿到 Taiwan 字卡的學生就要趕快說 Taiwan 蹲，Taiwan 蹲，Taiwan 蹲完（下一個該學生指定的字母／單字／片語／短句）蹲。
4. .在 3 秒內立即反應者即得分。
5. 最後看哪組得分最多再加分 。

✎ 遊戲延伸

若要間接訓練腿力，可要求學生單腳獨立，甚至遊戲開始後，依序將無法金雞獨立者淘汰。

一口氣蓋一蓋

 教 具

塑膠杯子、字母卡／單字卡／片語卡／短句卡

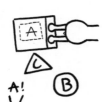

玩 法

1. 將學生學過的字母卡／單字卡／片語卡／短句卡放置在桌上／地上。
2. 將學生分成兩組。
3. 每組派一位組員。
4. 當老師說某個字母／單字／片語／句子時，
   學生要趕緊找到該字母卡／單字卡／片語卡／
   短句卡，並用杯子蓋住它。
5. 先蓋住的，且又能正確唸出該字母／單字／片語／短句者即得分。
6. 最後看哪組分數最高再加分。

遊戲延伸

老師可要求各組將每次組員蓋住的字母／單字／片語／短句寫出來，
正確的再加分。

一口氣說一說

 教具

字母卡／單字卡／片語卡／句子卡

💡 **玩法**

1. 將學生分成兩組。

2. 請每組各派一位組員背對背站著（背對背距離請依社交距離規定）。

3. 老師各給一張字母卡／單字卡／片語卡／句子卡，並請學生放在胸口。

4. 當老師說：1-2-3 turn around 時，兩位學生立刻轉身，
   並大聲唸出對方放在胸口的字母／單字／片語／句子。

5. 最快且正確唸出者即得分。

6. 遊戲結束後，看哪組得分最多再加分。

✏️ **遊戲延伸**

老師可要求各組將每次組員說出的字母／單字／片語／句子寫出來，
正確的再加分。

一口氣踩一踩

📦 教具

字母卡／單字卡／片語卡／句子卡

💡 玩法

1. 將字母卡／單字卡／片語卡／句子卡一一排開放在地上。
2. 將學生分兩組。
3. 每組派一位組員。
4. 當老師說某個字母／單字／片語／句子時，學生要趕緊踏在該字卡上。
5. 踏對者即得分。
6. 最後看哪組得分最多再加分。

✏️ 遊戲延伸

老師可要求各組將每次組員踏在上面的字母／單字／片語／句子寫出來，正確的再加分。

一口氣繞一繞

教具

世界各大洲指示卡

玩法

1. 在教室用指示卡將世界各大洲區隔出來。
2. 將學生分成兩組。
3. 每組各派一位組員。
4. 當老師說出某個國家名稱時,學生要能立即跑到正確區。
5. 率先抵達者得分。
6. 最後加總,得分最多的組再加分。

遊戲延伸 1

老師可準備世界地圖或不同國家的地圖,讓學生在地圖上找到該國家的所在位置,找到的再加分。

遊戲延伸 2

老師可要求學生或各組組員將國家全名依指定的語言拼寫出來,正確的再加分。

一口氣辨一辨

教具

兩張椅子、膠帶

玩法

1. 將兩張椅子的椅背正面分別貼上 do 和 does 的字卡。
2. 在教室找一個要學生站立或起跑的點
   （老師可依學生的運動細胞決定起跑點跟椅子間的距離）。
3. 將學生分成兩組。
4. 請各組各派一位組員。
5. 當老師說 he 時，兩位學生要立刻跑到 does 的位子搶先坐好；
   反之，當老師說 we 時，兩位學生要立刻跑到 do 的位子搶先坐好。
6. 先坐在正確位子者即得分。
7. 最後看哪組分數最高再加分。

遊戲延伸 1

這遊戲可應用在 a, an 的練習。

遊戲延伸 2

若教室空間夠大，老師可在椅子上貼上介係詞，讓學生熟習動詞片語或名詞片語的介係詞搭配。寫作上常見的字詞搭配也可。

一口氣跑一跑

 教 具

相同的字母卡／單字卡／片語卡／短句卡兩份

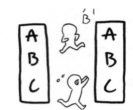 **玩 法**

1. 將學生分成兩組。

2. 請各組各派一個學生背對背站著
   （背對背是為了防止彼此組別學生相互對看）。

3. 接著老師把，字母卡／單字卡／片語卡／短句卡按相同的排序，
   分別排在學生面前的地板上。

4. 當老師唸出某字母／單字／片語／短句時，學生要趕緊跑到該
   字母卡／單字卡／片語卡／短句卡前面。

5. 率先抵達，且又能正確唸出答案者即得分。

6. 最後統計看哪組得最多分再加分。

遊戲延伸

老師可要求各組，將每次組員得分／未得分的字母／單字／片語／短句
寫出來，正確的再加分。

一口氣飛一飛

🎲 教具

膠帶、別針、字母卡／單字卡／片語卡／圖卡

💡 玩法

1. 將學生分成兩組。
2. 各組派一位組隊員背對背距離 30 公分站著。
3. 老師分別在學生背上固定一張字母卡／單字卡／片語卡／圖卡
   （可用貼的或用別針別上）。
4. 比賽開始，兩位學生同時轉過身，並張手做出鳥兒飛翔的動作。
5. 過程中，盡力去偷看對方背上的字母／單字／片語／圖案。
6. 先看到，並能正確唸出者即得分。
7. 最後統計看哪組得分最多再加分。

✏️ 遊戲延伸 1

老師可要求學生寫下他們看見的，寫正確者再加分。

👉 遊戲延伸 2

老師可要求學生用他們看見的單字／片語／圖案造句，正確者再加分。

一口氣揮一揮

教具

字母卡／單字卡／片語卡／短句卡／圖卡

玩法

1. 將學生分成兩組。
2. 請各組分派一位組員到老師面前。
3. 老師任意選一張字母卡／單字卡／片語卡／短句卡／圖卡，
   且快速在學生面前揮動。
4. 最快，且正確唸出答案者即得分。
5. 最後統計看哪組得最多分再加分。

遊戲延伸 1

老師可要求學生寫下他們看見的，寫正確者再加分。

遊戲延伸 2

老師可要求學生用他們看見的單字／片語／短句卡／圖卡造句，正確者再加分。

角色扮演遊戲

一口氣花一花

🎲 教具

玩具紙鈔

💡 玩法

1. 將學生分成兩組，一組扮演消費者，一組扮演商家（會輪流扮演）。
2. 各組組員分配要扮演的角色。
3. 商家組就自己身旁或現場要銷售的物品標價。
4. 老師發給消費者及商家等值的玩具紙鈔面額。
5. 接著學生們用之前學過的購物／銷售／議價用語交易。
6. 扮演消費者的學生，看誰在最短時間內花光紙鈔，且能用正確英文將所購買物品說出即得分。
7. 扮演商家的學生，看誰的收入最多，且能用正確英文將已銷售出的物品說出即得分。
8. 最後待各組都輪流扮演過消費者及商家角色後，看哪組得分最多再加分。

✏️ 遊戲延伸 1

老師可提供各國特有的實體產品或相片讓學生練習。

👉 遊戲延伸 2

老師若有各國實體硬幣及紙鈔，可在商品價錢上，標價非整數的價格，並要求學生不可使用電子設備計算，讓學生磨練數學心算能力及辨識各國紙鈔及硬幣。

一口氣存一存

 教具

玩具紙鈔

玩法

1. 將學生分成兩組，一組爲客戶組，一組爲銀行人員組（會輪流扮演）。
2. 請每組各派一位組員跟老師領取玩具紙鈔。
3. 接著學生依客戶組或銀行人員組做角色扮演。
4. 過程中，各組學生依扮演的角色，利用學過的單字
   及句子完成銀行相關業務交易（例如：存款／提款／金融理財）。
5. 扮演客戶組的學生，看誰在最短時間內完成交易即得分。
6. 扮演銀行人員組的學生，看誰的收入最多即得分。
7. 最後待各組都輪流扮演過客戶組及銀行人員組後，看哪組得分最多
   再加分。

遊戲延伸

老師可預設臨時狀況訓練同學臨場反應。 例如，要解約定存或提款卻
忘了攜帶身分證件，或可否取消違約金。

一口氣點一點

 教具

菜單

 玩法

1. 將學生分成兩組，一組為點餐組，一組為送餐組（會輪流扮演）。
2. 給每組數分鐘時間準備角色扮演。
3. 過程中，學生們要利用學過的單字，片語及句子
   完成點餐或送餐。
4. 過程中，老師計時每組所花費的點餐及送餐時間。
5. 待 2 組皆完成點餐組及送餐組角色扮演，耗時最短的得分。

 遊戲延伸

老師可預設臨時狀況訓練同學臨場反應。例如，點的餐點或飲料賣完了，
服務生態度不好，餐點有頭髮，或是送錯餐點。

運氣遊戲

一口氣賭一賭

教具

玩具紙鈔、數字卡

玩法

1. 將當天或之前教過的英文字母／單字／片語／句子
   寫成一列在白板／黑板上，並編號。
2. 老師發等值玩具紙鈔給每位學生。
3. 讓學生將玩具紙鈔壓在自己選的英文字母／單字／片語／句子上，
   每人限押一個。
4. 讓學生輪流從老師做好的數字卡中任意選出一張
   （也可用數字球取代）。
5. 若學生選的數字卡是 1 號，那壓在 1 號的字母／單字／片語／句子的
   學生們必須輪流把該英文字母／單字／片語／句子唸出。
6. 唸對的學生們即可把所有押在其他號碼的錢均分掉或通吃掉。

遊戲延伸

老師若要營造賭場的氛圍，可用擲骰子取代抽數字卡或選數字球。

一口氣拋一拋

 教 具

2 顆骰子（可用正方體空盒子取代）、便利貼

製作方法

1. 找到正方體空盒子後，先在便利貼上寫下學生學過的數字／字母／
   單字／片語／短句。
2. 將便利貼黏在／貼在正方體空盒子六個面即完成。

玩 法

1. 將學生分成兩組。
2. 每組各派一位組員擲骰子。
3. 遊戲開始，請兩位學生同時將骰子往上拋。
4. 等骰子落地後，若能正確唸出骰子向上那一面所呈現的數字／字母／
   單字／片語／短句者即得分。

遊戲延伸

老師可在學生擲完骰子後，接著比數字大小／單字字母數多寡，
最大數字／最多字母者再加分。

一口氣讀一讀

📦 教 具

字母卡／單字卡／片語卡／短句卡

💡 玩 法

1. 將學生分成兩組。
2. 每組各派一位組員抽一張字母卡／單字卡／片語卡／短句卡
   （不可有重複的字卡，以避免過程中組別互相觀看及分心）。
3. 組員透過唇語讓同隊組員猜。
4. 最先猜正確且能正確拼寫的組別得分。
5. 最後看哪組猜最多正確的再加分。

✏️ 遊戲延伸 1

老師可計時，或要求學生在指定的時間內完成所有猜題，回答最多正確
的組別再加分。

👉 遊戲延伸 2

老師可要求組員將猜到的字母／單字／片語／短句寫出來，正確者
再加分。

一口氣量一量

教具

體重機、身高器、皮尺

玩 法

1. 將學生分成兩組,一組為被測量組,一組為施測組(會輪流扮演)。

2. 請每組各派一位組員。

3. 施測組學生用學習過的單字/片語/
   句子臆測被測量組學生可能的身高、體重、腰圍。

4. 被測量組要指派組員記錄施測組學生認為的數值,
   並也去猜測被測量組學生可能的身高、體重、腰圍
   (為避免有性平爭議產生,老師可依課堂學生性別去決定要測量的
   部位)。

5. 接著就讓學生們親自學習如何測量身高、體重、腰圍。

6. 最後依結果看哪組猜的數值最接近就得分。

遊戲延伸

老師可依教室現場有的物品,選出較不易目測出的(例如,髮夾、皮包、
鉛筆盒),或讓各組自行指定,讓學生去測量。

一口氣彈一彈

🎲 教 具

20 條大橡皮筋、塑膠繩、膠水、字母卡／單字卡／片語卡／
句子卡／圖卡

📒 製作方法

1. 在教室找個空間將要放置字母卡／單字卡／片語卡／句子卡／圖卡
   的繩子綁好。
2. 接著先將字卡／圖卡用膠水輕輕的黏在塑膠繩上
   （扁平寬板的塑膠繩較易黏）。
3. 在地上畫出學生要用橡皮筋彈字母卡／單字卡／片語卡／句子卡／
   圖卡的站立區（不要離繩子太遠，因為這樣才容易彈的到）。

💡 玩 法

1. 將學生分成兩組。
2. 每組各派一位組員跟老師領 5 條橡皮筋。
3. 當老師說開始時，兩組學生同時努力的去用橡皮筋
   彈掉黏在繩子上的字母卡／單字卡／片語卡／句子卡／圖卡。
4. 待學生手中橡皮筋全數用完後，能正確說出彈掉的字母卡／單字卡／
   片語卡／句子卡／圖卡英文者即得分。
5. 最後看哪組彈掉的字母卡／單字卡／片語卡／句子卡／圖卡最多
   再加分。

✏️ 遊戲延伸

老師計時，或在指定的時間，讓每組發揮團隊精神，用相同的橡皮筋
數量，看哪組彈掉的字卡／圖卡最多且耗掉的時間最短再加分。

一口氣射一射

 教具

紙飛機（可用吸管／小飛盤取代）

 **玩法**

1. 在教室找個空間可充當射擊的區域。
2. 接著畫出要學生站立的射擊區。
3. 接著將學生分成兩組。
4. 每組各派一位組員領一架紙飛機
   （可讓學生自製紙飛機或由老師準備吸管／小飛盤取代）。
5. 當老師說開始時，兩組學生同時努力的去射出紙飛機／吸管／小飛盤。
6. 看誰射的最遠就有優先回答問題的機會。
7. 若回答正確就得分，若回答錯誤就將機會釋出。
8. 最後看哪組分數最高再加分。

✎ **遊戲延伸**

老師可在紙飛機會飛行過的下方放置一個裝滿水的盆子，並要求學生
在射出紙飛機時要跨越水盆，看哪組紙飛機跨越水盆最多再加分。

一口氣摸一摸

 教具

紙箱一個 、水果模型、圖形、或物品

玩法

1. 將學生分成兩組。

2. 每個學生輪流伸手進去紙箱去摸，並在未取出前，
   依指定的語言說出，並寫出該物品的名稱。

3. 答對又寫對者即得分。

4. 最後看哪組分數最高再加分。

遊戲延伸

老師若不想用實體物品，也可將學生學習過的物品名稱寫在字條上，
用字條取代之。

一口氣套一套

教具

不同顏色套環（可用粗電線或裁剪大寶特瓶取代）

玩法

1. 在地上／桌上放置學生曾學過的物品

   （建議從教室現場找，不同口味的飲料罐也是個選擇）。

2. 畫出學生要丟套環的站立區（不要離物品太遠，不然不易套到）。

3. 將學生分成兩組。

4. 每組派一位組員領套環

   （套環的數目可依現場物品被投中的難易度決定）。

5. 當老師說開始時，兩組學生同時努力的去丟套環，

   看是否能套住物品。

6. 每次套環全數套完後，若學生能正確的用指定的語言將套到的物品

   說出即得分。

7. 最後看哪組分數最高再加分。

遊戲延伸

老師可指定語言，讓學生或組員將套到的物品拼寫出來，正確者再加分。

一口氣吹一吹

 教具

桌子2張、紙箱2個、字母卡／單字卡／片語卡／句子卡

玩法

1. 將兩組一樣的字母卡／單字卡／片語卡／句子卡
   分散或整疊放在桌上。
2. 將學生分成兩組。
3. 請各組派一位組員至桌子前面。
4. 當老師說開始時，每組學生要在三十秒內全力將字卡吹進紙箱。
5. 時間到後，能將紙箱內字卡正確唸出者即得分。
6. 待遊戲結束後，看哪組得分最多再加分。

遊戲延伸

若要考驗學生的肺活量，老師可將字卡空白面往上，讓各組大團結
將字卡吹翻到文字面。

一口氣捏一捏

教具

黏土

玩法

1. 將學生分成兩組。

2. 每組各派一位組員到老師這領黏土。

3. 老師給各組組員看指定的單字。

4. 學生用黏土捏出該單字的意思讓組員猜（老師可規定可否捏出字母）。

5. 猜對且又能正確寫出的組別即得分。

6. 最後看哪組得分最多再加分。

遊戲延伸

可讓學生捏國家的形狀，若是美國，就可捏五十州的形狀。

一口氣寫一寫

 教具

字母卡／單字卡

 玩法

1. 將學生分成兩組，並排成一列。
2. 各組派一位組員到老師前面。
3. 老師任選一字母卡或單字卡給各組員看。
4. 接著組員用手指依序將該字母／單字寫在組員背上，傳遞至最後一位。
5. 最後一位將答案寫在紙上，若寫正確即得分。
6. 最後統計看哪組得分最多再加分。

✏️ 遊戲延伸 1

老師可利用貓砂或水，讓學生依序傳達。

☞ 遊戲延伸 2

老師可要求學生用非慣用的手夾筆寫
（但要確定是沒筆心或筆心是未啓用的，避免弄髒衣服）。

一口氣撕一撕

 教具

輕便雨衣兩件、雙面膠、色紙／字母卡／單字卡／片語卡／句子卡

製作方法

把雨衣晾起來或平鋪在地上／桌上後,將色紙／字母卡／單字卡／
片語卡／句子卡用雙面膠黏在雨衣身上。

玩法

1. 把學生分成兩組。
2. 各組派一位學生出來穿雨衣。
3. 遊戲過程中,穿雨衣的學生輪流猜拳。
4. 贏的學生就可撕下一張對方雨衣上的色紙／
   字母卡／單字卡／片語卡／句子卡。
5. 最先撕光對方雨衣字卡的組別就得分。
6. 接著兩組學生用老師指定的語言說出自己所撕下的色紙顏色,
   或唸出字母／單字／片語／句子,答對者即得分。
7. 最後看哪組分數最高再加分。

遊戲延伸

老師若不想使用輕便雨衣,可直接黏在學生的衣服,但要注意學生的
衣服是否會因為材質而受到膠帶或雙面膠的破壞,或在撕下色紙／
字母卡／單字卡／片語卡／句子卡時,可能會有身體上的接觸。

黑板遊戲

一口氣丟一丟

 教 具

吸盤球一個

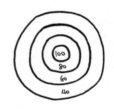

💡 **玩 法**

1. 在白板上畫出一個靶型，並標出可獲得的分數
   （若黑板沒有吸磁的功能，就要掛吊一個可吸附球的小白板在黑板上）。
2. 將學生分成兩組。
3. 每組各派一位組員猜拳。
4. 贏的可優先回答問題，輸的次之。
5. 接著老師出題或讓學生抽題目，答對者就可丟球
   （吸盤球要吸附在白板上靶內範圍才得分）。
6. 最後加總後，得分最高的組別再加分。

✏️ **遊戲延伸 1**

老師可準備 2 個吸盤球讓兩組學生同時丟，再依分數高低決定誰先回答。

👉 **遊戲延伸 2**

老師可在白板上寫上學生學過的字母／單字／片語／句子，接著選一個
唸出時，兩組學生要同時將吸盤球丟向該字母／單字／片語／句子，
有吸附在正確答案的即得分。

一口氣擦一擦

 教具

板擦

💡 **玩法**

1. 將學生學過的字母／單字／片語／句子寫在白板／黑板上。
2. 將學生分成兩組。
3. 每組派一位組員。
4. 當老師說某個字母／單字／片語／句子時，
   學生要趕緊找到該字母／單字／片語／句子，
   並用板擦擦掉它。
5. 擦掉後能正確唸出，又能正確在黑板上重寫出該字母／單字／片語／
   句子者即得分。
6. 誤擦的部分老師可再重寫（也可將這當加分機會，開放給記得是哪個
   字母／單字／片語／句子被誤擦了的學生，若寫對了就加分）。
7. 最後看哪組分數最高再加分。

✏️ **遊戲延伸 1**

若要磨練學生的理性及穩重，老師可要求在擦拭掉單字時要留下前面
3 個字母，若為字母就要留下一半字母的字形，若是句子就要留下前
3 個單字。未遵守此規定者可不計分。

👉 **遊戲延伸 2**

若老師選擇讓學生將字母／單字／片語／句子全擦拭掉，老師可待黑板
擦完後，在中間畫條線，讓兩組大團結，看哪組可寫出最多已被擦拭掉
的再加分。

一口氣拍一拍

 教具

蒼蠅卡、蒼蠅拍、便利貼

製作方法

1. 畫兩張約有一半手臂長的蒼蠅圖卡（也可畫蚊子圖）。
2. 在一張蒼蠅圖卡寫上 a，另一個張寫上 an
   （也可將 a 及 an 寫便利貼上）。
3. 蒼蠅拍也可用畫在厚紙板上的手掌圖，在減下後黏接一根棒子取代之，
   或讓學生用自己的手掌來拍。

玩法

1. 先將蒼蠅圖卡吸在／貼在／黏在白板／黑板上。
2. 將學生分成兩隊，並給每一組一隻蒼蠅拍。
3. 各組派一位學生到白板／黑板前。
4. 當老師說「dog」時，學生要拍有寫「a」的這張蒼蠅卡；反之，
   當老師說「egg」時，學生要拍「an」這張蒼蠅卡。
5. 最快拍打到蒼蠅卡，且拍對者即得分。
6. 最後看哪組分數最高再加分。

遊戲延伸

老師可事先準備好學生學過的名詞字卡，接著給每組學生已寫上 a 及 an
的便利貼或卡片。老師依序將名詞字卡放在桌上時，例如「dog」時，
學生要將「a」的便利貼或卡片快速拍打在「dog」卡；反之，當老師
放「egg」在桌上時，學生要將「an」的便利貼或卡片拍打在「egg」卡。

一口氣貼一貼

 教具

便利貼

製作方法

在便利貼上寫上學生學習過的單字。

玩法

1. 在白板／黑板中間畫一條分界線後，在兩邊各畫一個佔據整個版面的臉（也可畫人體）。
2. 將學生分成兩隊。
3. 各組派一位組員站在白板／黑板前。
4. 每組都各發一份單字貼。
5. 老師唸「EYE」時，學生要把「EYE」這個單字挑出，並貼在臉上正確的位置。
6. 貼對位置者即得分。
7. 最後看哪組貼對最多或得分最多再加分。

遊戲延伸

老師可將佔據整個版面的臉或人體換成喜怒哀樂表情，天氣狀況或是交通工具。

一口氣接一接

教具

無

玩法

1. 老師在白板／黑板上任意寫出一個單字，例如：Taiwan。

2. 將學生分成兩組。

3. 各組派一位組員猜拳。

ruler
rate
egg

4. 贏的學生可優先依 Taiwan 這單字的字尾 n 當字首，
   再造一個新的單字，例如：nurse。

5. 接著各隊組員輪番上陣，3 秒內能接對的就得分，接不出來者就淘汰。

6. 最後看哪組得分最多再加分。

遊戲延伸

這遊戲可變成句子接龍。老師將要學生練習的單字／片語寫在白板／
黑板，並要求學生句子接龍時一定要應用上才得分。

一口氣畫一畫

 教 具

單字卡、白板筆、粉筆

玩 法

1. 在白板／黑板中間畫一條分隔線。

2. 將學生分成兩組。

3. 每組各派一個組員。

4. 老師讓兩個學生組員看同樣的單字卡。

5. 學生將該單字的意思畫在白板／黑板上讓同組夥伴猜。

6. 先猜對的即得分。

7. 兩組競賽後,看那組猜對最多再加分。

遊戲延伸

老師可預先準備極簡短的 2 人共 2 句的對話。接著每組派 2 位組員同時出來畫,只要組員猜出的對話內容沒有偏題即得分。

一口氣圈一圈

📦 教具

粉筆／白板筆

💡 玩法

1. 在黑板／白板中間畫一條界線，並在左右兩邊
   各寫出 10 至 20 個相同的字母／單字／片語／句子。
2. 將學生分成兩組。
3. 每組各派一人站在黑板／白板前。
4. 每一組各給一支粉筆／白板筆。
5. 老師隨意唸出黑板／白板中任一字母／單字／片語／句子讓學生圈。
6. 最快且又圈對者即得分。
7. 最後看哪組得分最多再加分。

✏️ 遊戲延伸

老師讓學生將黑板／白板上的字母／單字／片語／句子重新組合，
凡組成的為正確句子或段落再加分。

一口氣補一補

教 具

無

玩 法

1. 將學生分成兩組。

2. 每組先派一位組員站在白板／黑板兩邊。

3. 老師在白板／黑板中間寫下一個不完整的句子或少字母的單字。

4. 最先發現錯誤,並能修正者即得分。

5. 最後看哪組得分最多可再加分。

遊戲延伸

老師可將不完整的句子或少字母的單字改成學生學過的歌曲歌詞。

一口氣組一組

 教 具

無

 **玩 法**

1. 老師在白板／黑板寫一個大 T 佔據整個白板／黑板版面
   （記住 T 的上方要留足夠的空間寫字，T 的直槓是要區分 2 個組別）。

2. 老師在大 T 的上方寫下一個已拆解後不完整的句子。

3. 將學生分成兩組。

4. 每組各派一位組員。

5. 老師計時讓組員組回拆解的句子，並寫在白板／黑板。

6. 最快組回句子，又唸正確者得分。

7. 最後統計看哪組得最多分再加分。

遊戲延伸

老師可換成拼組一篇被拆解的文章，一首歌的歌詞，或某文章的段落。

一口氣扭一扭

 教具

無

 玩法

1. 將學生分成兩組。

2. 每組各派一位組員。

3. 老師給各組員相同的單字。

4. 學生用屁股去把單字寫出來。

5. 組員將猜的單字寫下來，拼寫正確者即得分。

6. 最後加總，答題最多正確者再加分。

 遊戲延伸

老師可讓每組派 2 位組員同心協力，背對背且手牽手來完成用屁股
去把單字寫出來的任務。

一口氣分一分

🎲 教具

可數名詞單字卡、不可數名詞單字卡

💡 玩 法

1. 老師先將學生學過的可數／不可數單字卡放置在桌上／地上。
2. 將學生分成兩組。
3. 各組派一位組員。
4. 老師計時，並指示此次遊戲是要分類「可數名詞」或「不可數名詞」。
5. 若是要分類「可數名詞」，二位學生要將「可數名詞」找出後放在一起。
6. 分類出最多正確，且又唸對者即得分。
7. 最後加總，得分最多的組別再加分。

✏️ 遊戲延伸

這可變成名詞複數結尾變化「s」、「es」、「ies」、「單複數同形」的練習。

合作遊戲

一口氣夾一夾

 教具

繩子一條、衣夾、大小字母卡四副

製作方法

1. 先對折繩子，以便找出中心點，並在上面做記號
   （或在中心點綁一條線來區分兩隊的界線）。

2. 接著在分界點左右邊分別夾上衣夾子，並在夾子與夾子間預留至少三個
   夾子的空間，才不會太擠（可視要拼的單字的字母數決定要夾幾個夾子）。

玩法

1. 選兩個學生拿住繩子的左右兩端
   （若教室有地方可以綁繩子更好，就不用麻煩學生）。

2. 把學生分成兩組，並發給每組兩副大小字母卡。

3. 先讓學生把大小字母卡攤開桌上／地上。如此可先讓學生清楚每個
   字母放置的位置，這樣學生挑選時會較有效率。

4. 接著老師隨意說出一個單字，例如：Taiwan，讓學生用大小字母拼出，
   並用夾子夾在繩子上。

5. 最快拼出，且又能正確唸出者即得分。

6. 最後看哪組分數最高再加分。

遊戲延伸

可將拼單字變成句子或段落組合。

一口氣疊一疊

 教 具

無

 玩 法

1. 把學生分成兩組。

2. 老師請學生利用周邊學習過的文具用品，
   疊出任何一個有創意的排列造型。

3. 疊出最高，且能維持十秒不倒的組別得分。

4. 若學生能用指定的語言，正確唸出在這遊戲中使用過的文具用品
   再加分。

✎ 遊戲延伸

老師可將文具用品換成學生學習過的單字卡，看哪組學生可用最少的
單字卡疊出最高的造型，且能維持十秒不倒的組別再加分。

一口氣借一借

🎲 教具

衣物及配件單字卡

💡 玩法

1. 將學生分成兩組。

2. 請各組各派一位組員。

3. 組員從老師準備的衣物及配件單字卡中挑出五個
   （老師要確認這些單字卡皆是學生在教室內可借到的）。

4. 接著請組員依挑到的單字卡去跟自己組員借。

5. 最快借到所有指定衣物／配件，且又能正確唸出者即得分。

6. 最後加總，得分最多的組別再加分。

✏️ 遊戲延伸

老師可先跟幾位老師達成共識，甚至預設好哪些物品在哪間教室或
哪些老師那可借到，學生就有機會走出教室去借，並說英文。

一口氣穿一穿

📦 教具

衣物及配件、衣物及配件單字卡

💡 玩法

1. 將學生分成兩組。

2. 請各組各派一位組員。

3. 各組員從老師準備的衣物及配件單字卡中挑出 5 個。

4. 組員從挑到的單字卡中去穿搭出自己挑出的所有衣物或配件。

5. 最快穿好,且又能正確唸出身上穿搭的衣物及配件者得分。

6. 最後看哪組分數最高再加分。

✏️ 遊戲延伸 1

穿搭結束後先拍照存檔,待遊戲結束後讓大家投票看誰的穿搭最時尚,最高票者再加分。

👉 遊戲延伸 2

老師若有各國傳統服飾,也可在教完其名稱後,藉此遊戲讓學生實際去穿著,甚至大團結讓組員們彼此協助,最快穿好的再加分。

靜態遊戲

一口氣拼一拼

 教具

故事拼圖（可用既有的圖片去裁剪充當拼圖）

玩法

1. 把學生分組（要分幾組可依老師現有的拼圖數量決定）。
2. 老師將相同的拼圖打散發給各組，並給一個完整拼圖的圖像做參考。
3. 老師計時，看哪組最先拼完或剩下最少的拼圖，
   並能用指定的語言將此故事簡述即得分。

遊戲延伸

老師可將一個字母，一個句子，甚至一篇文章裁剪後充當拼圖。

一口氣連一連

 教具

無

 玩法

1. 老師將學生學過的字母／單字／片語／短句寫在白板／黑板上。

2. 接著讓學生在自己的紙上／筆記本上寫二個大的 "井" 字。

3. 請學生任意挑選填入老師寫在白板／黑板上的
   字母／單字／片語／短句在 "井" 字中。

4. 接著老師依序點名，讓每位同學輪流挑一個自己井字中的字母／單字／
   片語／短句。

5. 有寫該單字在井字的學生就將該單字圈起來。

6. 若學生圈選的單字／片語／短句達三個，且又能將其連成一條直線。

7. 先連成 3 條線，並能正確唸出字母／單字／片語／句子者即得分。

✎ **遊戲延伸**

這個遊戲是大家熟知的賓果遊戲，若不要用傳統的連成幾條線就賓果，
可指定學生連成指定的形狀。例如，B 字母或 C 字母。也可將井字畫成
指定的欄數及列數取代之。

一口氣找一找

教具

找字表（word search）

玩法

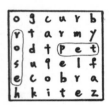

1. 老師在課前準備好找字表
   （可利用網路的 word search maker 製作）。
2. 將學生分組（分幾組可依難易度決定）。
3. 老師將找字表發給各組。
4. 學生從找字表的直向／斜向／橫向／反向／開始找單字。
5. 看哪組在最短的時間找到的單字最多即得分。

✎ 遊戲延伸

時間許可的情形下，老師可分組或不分組讓學生在課堂上利用之前學過的單字，或老師提供的單字表去設計一個找字表。老師可挑幾個找字表直接在課堂上使用，順利完成找字的再加分。

參考文獻

Azarmi, S. (2011). The use of authentic game*s in English language teaching. Ekev Academic Review, 15* (47), 411-422.

Becker, K. (2007). Digital game-based learning once removed: Teaching teachers. *British Journal of Educational Technology, 38* (3), 478-488. https://doi.org/10.1111/j.1467-8535.2007.00711.x

Bossavit, B., & Parsons, S. (2018). Outcomes for design and learning when teenagers with autism codesign a serious game: A Pilot study. *Journal of Computer Assisted Learning, 34* (3), 293-305.

Chen, S., Zhang, S., Qi, G. Y., & Yang, J. (2020). Games literacy for teacher education: Towards the implementation of game-based learning. *Journal of Educational Technology & Society, 23* (2), 77-92.

Chen, Z-H., & Lee, S-Y. (2018). Application-driven educational game to assist young children in learning English vocabulary. *Journal of Educational Technology & Society, 21* (1), 70-81.

Chiu, Y-H., Kao, C-W., & Reynolds, B. L. (2012). The relative effectiveness of digital game-based learning types in English as a foreign language setting: A meta-analysis. *British Journal of Educational Technology, 43* (4), E104-E107. https://doi.org/10.1111/j.1467-8535.2012.01295.x

Denham, A. R. (2019). Using the PCaRD digital game-based learning model of instruction in the middle school mathematics classroom: A case study. *British Journal of Educational Technology, 50* (1), 415-427. https://doi.org/10.1111/bjet.12582

Hung, H-T., Yang, J. C., & Tsai, Y-C. (2020). Student game design as a literacy practice: A 10-year review. *Journal of Educational Technology & Society, 23* (1), 50-63.

James, K. K., & Mayer, R. E. (2019). Learning a second language by playing a game. *Applied Cognitive Psychology, 33* (4), 669-674. https://doi.org/10.1002/acp.3492

Lin, C-J., Hwang, G-J., Fu, Q-K., & Chen, J-F. (2018). A flipped contextual game-based learning approach to enhancing EFL students' English business writing performance and reflective behaviors. *Journal of Educational Technology & Society, 21* (3), 117-131.

Łodzikowski, K., & Jekiel, M. (2019). Board games for teaching English prosody to advanced EFL learners. *ELT Journal: English Language Teaching Journal, 73* (3), 275-285. https://doi.org/10.1093/elt/ccy059

Lu, F-C., & Chang, B. (2016). Role-play game-enhanced English for a specific-purpose vocabulary- acquisition framework. *Journal of Educational Technology & Society, 19* (2), 367-377.

Mathrani, A., Christian, S., & Ponder-Sutton, A. (2016). PlayIT: Game based learning approach for teaching programming Concepts. *Journal of Educational Technology & Society, 19* (2), 5-17.

Øygardslia, K., & Aarsand, P. (2018). "Move over, I will find Jerusalem": Artifacts in game design in classrooms. *Learning, Culture and Social Interaction, 19*, 61-73.

Pearlman, M. (2019). Spicing up your classroom with games. *Science Teacher, 86* (7), 40-45. https://doi.org/10.2505/4/tst19_086_07_40

Perry, A., & Estabrooks, L. (2019). Let's invent! Using invention activities to integrate engineering design in the science classroom. *Science Teacher, 86* (6), 37-43.

Ronimus, M., Eklund, K., Pesu, L., & Lyytinen, H. (2019). Supporting struggling readers with digital game-based learning. *Educational Technology Research & Development, 67*, 639-663. https://doi.org/10.1007/s11423-019-09658-3

Townsend, D. (2009). Building academic vocabulary in after-school settings: Games for growth with middle school English-language learners. *Journal of Adolescent & Adult Literacy, 53* (3), 242-251.

Yip, F. M., & Kwan, A. M. (2006). Online vocabulary games as a tool for teaching and learning English vocabulary. *Educational Media International, 43* (3), 233-249. https://doi.org/10.1080/09523980600641445

Young, S. S-C., & Wang, Y-H. (2014). The game embedded call system to facilitate English vocabulary acquisition and pronunciation. *Journal of Educational Technology & Society, 17* (3), 23-251. https://doi.org/10.1598/JAAL.53.3.5

Yükseltürk, E., Altıok, S., & Başer, Z. (2018). Using game-based learning with kinect technology in foreign language education course. *Journal of Educational Technology & Society, 21* (3), 159-173.